D1849084

Astrid Keller

Seidenmalerei Blusen und T-Shirts

FALKEN

Zum Thema Seidenmalerei sind bei FALKEN zahlreiche Bücher erschienen. Fragen Sie Ihren Buchhändler.

CIP-Titelaufnahme der Deutschen Bibliothek

Keller, Astrid:
Seidenmalerei Blusen und T-Shirts / Astrid Keller. –
Niedernhausen/Ts.: FALKEN, 1989
(Schönes Hobby)
ISBN 3-8068-5184-0

ISBN 3 8068 5184 0

Titelbild: Isabella Wirth, Wiesbaden
Fotos: Michael Zorn, Wiesbaden
Zeichnungen: Grafik Design Horn, Wiesbaden
Reinzeichnung des Vorlagebogens: Ulrike Hoffmann, Bodenheim
Layout: Design Christiane Rauert, Dortmund

Satz: Dinges+Frick, Wiesbaden
Druck: Mairs Graphische Betriebe GmbH, Ostfildern (Kemnat)

817 2635 4453 6271

INHALT

Eine Bluse mit stilisiertem Tiermotiv: ein Fischvogel. Durch den Kontrast zu Schwarz kommen die leuchtenden Farben gut zur Geltung

DAS MATERIAL

GRUNDAUSSTATTUNG

Neben Seide, Farbe, Konturenmittel und Spannrahmen benötigen Sie noch einen dicken und dünnen spitzen Haarpinsel, Wäscheklammern, Watte, Wasser, Spiritus (oder Alkohol), eventuell Effektsalz, Dreizackstifte, Schraubgläser, Bleistift, Stecknadeln und ein Maßband. Genaueres dazu finden Sie auf den folgenden Seiten.

SEIDE

Für Blusen und T-Shirts eignen sich verschiedene Arten reiner Seide, am besten Crêpe de Chine, Silk Satin, Crêpe Satin oder Pongéseide ab 30 g/m.
Pongéseide sollte nur für einfache Oberteile verwendet werden, da ansonsten der Arbeitsaufwand in keinem Verhältnis zum relativ schlichten Material steht. Bedenken Sie, daß die leichteren Qualitäten durchscheinend sind.
Crêpe de Chine eignet sich für alle Blusen, die besonders weich fallen sollen. Die Farben verteilen sich allerdings schlechter als auf Pongéseide, bei großen Flächen entstehen leicht Ränder und Wolken.
Silk Satin mit seinem Glanz läßt die Farben stark leuchten. Sie laufen gut auf dem glatten Gewebe, kriechen jedoch auch leicht durch die Abgrenzungen mit Konturenmittel.
Crêpe Satin, eine sehr schwere Seide, empfiehlt sich insbesondere für festliche Stücke. Da sie teuer ist, sollten Sie sie erst nach einiger Übung verwenden. Das dichte Gewebe saugt viel Farbe auf; Konturenmittellinien müssen besonders sorgfältig gezogen werden.

KONTURENMITTEL

Zum Ziehen der Abgrenzungslinien zwischen den einzelnen Farbflächen wird wasser- oder benzinlösliches Konturenmittel (Gutta) angeboten. Aus zwei Gründen empfehle ich, wasserlösliches Konturenmittel zu benutzen: Einmal entfällt nach dem Fixieren das Benzinbad zum Entfernen benzinlöslicher Gutta, außerdem läßt sich das wasserlösliche Trennmittel gut mit einigen Tropfen Seidenmalfarbe anfärben. Das Konturenmittel wird in ein durchsichtiges Plastikfläschchen gefüllt, auf dessen abgeschnittene Spitze man eine Metalldüse, den „Liner", steckt. Seine Öffnung sollte 0,5–0,8 mm groß sein. Manchmal reicht es auch, die Kunststoffspitze mit einer Nadel einzustechen.

Es werden inzwischen sehr viele Farbsysteme angeboten. Fast alle sind französischer Herkunft, jedoch unterscheiden sie sich sowohl in der Brillanz als auch in der Farbechtheit stark voneinander. Es sollte unbedingt eine genaue Beratung im Fachhandel vorausgehen, bevor Sie sich für ein System entscheiden.

Damit die Farbe haltbar wird, muß man sie nach dem Auftragen fixieren (mit Dampf, Fixiermittel oder durch Bügeln). Ich persönlich bevorzuge dampffixierbare Farben. Ihre Leuchtkraft ist sehr stark, und es lassen sich mit ihnen leicht Salz- und Spirituseffekte erzielen.

Entgegen den Herstellerhinweisen sind im übrigen fast alle Farbsysteme untereinander mischbar und vor allem auch mit wasserlöslicher Gutta zusammen zu verwenden. Sollten Sie also mit einem System nicht zufrieden sein, können Sie diese Farben noch in Mischungen mit anderen aufbrauchen.

Fast alle Hersteller bieten eine große Palette an Farbtönen an. Da es jedoch viel reizvoller und preiswerter ist, sich die Farben selbst zu mischen, genügt es, wenn Sie sich Rot, Gelb, Blau, Grün, Braun und Schwarz, möglichst in großen 250-ml-Flaschen, kaufen.

Alle Farben können Sie mit Wasser und Spiritus oder Alkohol verdünnen und damit aufhellen. Im allgemeinen gibt man 1 Teil Spiritus zu 2 Teilen Wasser. Die benötigte Menge läßt sich gut mit einer Pipette abmessen. Links: ein Mustertuch mit Mischversuchen und Aufhellungen

SPANN-RAHMEN

Um den Stoff für eine Bluse zum Bemalen aufzuspannen, reichen die üblichen, im Fachhandel erhältlichen Rahmen in der Regel nicht aus; die größeren sind zudem meist recht teuer und nicht immer sehr stabil. Es ist jedoch möglich, mit ein wenig handwerklichem Geschick einen großen, verstellbaren Rahmen selbst zu bauen, damit der Stoff für eine Bluse an einem Stück aufgespannt und bemalt werden kann. Man benötigt dazu:

Zwei Vierkanthölzer (etwa 4 x 4 cm) aus Weichholz mit einer Länge von 150 cm; zwei Vierkanthölzer in gleicher Stärke mit einer Länge von 90 cm (das ist günstig für die in der Regel 92 cm breit liegende Seide aus dem Handel); acht Holzdübel mit einem Durchmesser von 8 mm; etwas Holzleim; eine Bohrmaschine mit einem 8-mm-Holzbohrer.

In die Stirnseiten der beiden kürzeren Hölzer bohrt man 1 cm vom Rand entfernt jeweils zwei Löcher, in die man die Holzdübel einleimt; sie sollen noch 2 cm herausstehen. Die beiden langen Hölzer werden an den Längsseiten mit Löchern versehen, und zwar zunächst nahe den vier Enden, zusätzlich von jeweils einer Seite aus nach 40 cm und nach 90 cm Abstand. So kann man zusätzlich Seide für die gängigste Kissengröße und für Tücher aufspannen. Wer weitere Lö-

Das Steckprinzip mit eingeleimten Holzdübeln

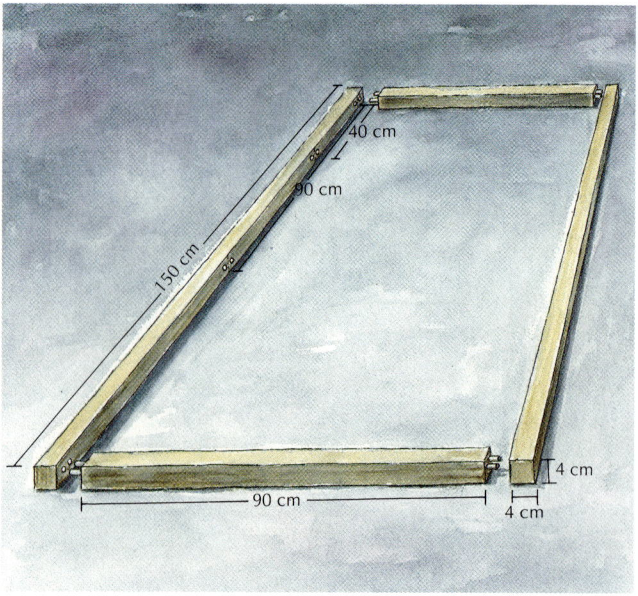

Ein Rahmen für den Selbstbau für Stoffe, die 92 cm breit liegen. Er eignet sich nicht nur für Blusen

cher in beliebigem Abstand bohrt, kann mit diesem Stecksystem den Rahmen auf viele Größen bringen. Wichtig ist, daß die Abstände zwischen den nah beieinanderstehenden Dübeln und die der Löcher genau übereinstimmen, damit man die Leisten leicht zusammenfügen kann.
Will man Blusen mit Ärmeln anfertigen, ist der Stoffverbrauch günstiger, wenn man Seide kauft, die 117 cm breit liegt. Deshalb lohnt es sich, zusätzlich zwei Holzleisten mit einer Länge von 115 cm vorzubereiten (Dübel an die Stirnseiten). Sie werden dann statt der 90 cm langen Querhölzer verwendet.

STOFF-VERBRAUCH

Alle Schnitte, die aus einem Teil bestehen, sind in diesem Büchlein so angelegt, daß die Bespannung des gesamten Rahmens (90 x 150 cm) für eine Bluse ausreicht. Die Schnittvorschläge von Seite 16–19 sind passend für Größe 40. Durch Zu- oder Abnehmen weniger Zentimeter Stoff an den Seitennähten können Sie sie problemlos auch für andere Größen verändern.
Da fast alle Blusen aus einem zusammenhängenden Stück Seide entstehen und zudem ohne Abnäher auskommen, ist das Zuschneiden und Nähen auch für Anfänger ohne große Erfahrung recht einfach zu bewältigen.
Es ist übrigens nicht nötig, weiße Seide, die direkt für die Seidenmalerei angeboten wird, vorzuwaschen. Viele farbige Seiden aus Kaufhäusern enthalten jedoch eine Imprägnierung, die das notwendig macht.

TIPS ZUM AUFSPANNEN

Noch vor dem Übertragen des Schnittes wird die Seide auf dem Malrahmen befestigt. Dazu verwendet man am besten Dreizacknägel, denn sie spannen das Gewebe gleichmäßiger als einfache Reißzwecken, die außerdem den Stoff schnell beschädigen. Achten Sie darauf, daß die Seide straff gespannt ist, denn sie dehnt sich aus, sobald sie feucht wird und kann dann, je nach Seidenart, stark durchhängen. Sie darf aber nicht auf dem Tisch aufliegen. Falls Sie nicht ohnehin den Rahmen auf Tapezierböcken befestigen, sollten Sie ihn vorsichtshalber durch kleine Klötzchen, die unter den Rahmenecken befestigt werden, höher stellen.
Besonders gleichmäßig wird die Spannung, wenn man zuerst die vier Ecken befestigt, ohne den Stoff schiefzuziehen. Anschließend setzt man in Abständen von etwa 10 cm weitere Dreizackstifte ins Holz.

SCHNITTFORM UND MOTIVE

SCHNITTE ÜBERTRAGEN

In vielen meiner Kurse hat sich gezeigt, daß es nicht immer erforderlich ist, zunächst Papierschnitte anzulegen, um sie dann auf den Stoff zu übertragen. Die Schnittvorschläge auf Seite 16–19 sind alle so einfach, daß man lediglich die angegebenen Maße auf der aufgespannten Seide abträgt und mit einem weichen Bleistift die Konturen des Schnittes grob aufzeichnet. (Nahtzugaben müssen nicht mehr extra dazugerechnet werden.) Die Umrisse und die dünn aufgezeichnete Schulterlinie dienen zunächst nur zur Orientierung bei der Plazierung des ausgewählten Motivs und bei der Gestaltung des Hintergrundes.

MOTIVE ÜBERTRAGEN

Auf dem Vorlagebogen sind fast alle Motive zu finden, die im Galerieteil dieses Buches (ab Seite 20) vorgestellt werden. Es handelt sich jeweils um das Hauptmotiv; fortlaufende Linien im Umfeld zum Beispiel, die zur weiteren Flächenaufteilung dienen, konnten wir nicht wiedergeben. Sie richten sich ja auch nach der von Ihnen gewählten Schnittform. (Manche großflächigen, geometrischen Motive zeichnet man besser frei nach Gefühl oder Skizze auf.)
Um das gewählte Motiv einfacher übertragen zu können, empfiehlt es sich, die Linien vorher auf ein separates Blatt (DIN-A3) abzupausen oder auf Transparentpapier durchzuzeichnen. Sind Sie sich über die Lage des Hauptmotivs auf der Bluse oder dem T-Shirt im klaren, stecken Sie den Vorlagebogen oder die separate Zeichnung mit Nadeln unter die Seide und zeichnen die Linien mit einem weichen Bleistift nach. (Im Handel gibt es mittlerweile spezielle Stifte, deren Linien nach einiger Zeit, oder wenn sie feucht werden, von selbst wieder verschwinden.)
Wenn die Vorlage entfernt ist, kann man das Umfeld des Motivs gestalten. Hierbei ist es am sinnvollsten, die Fläche nur durch einfache Abgrenzungslinien zu unterteilen, damit das Motiv genügend zur Geltung kommt. Gerade Anfänger werden das als hilfreich empfinden, denn man kann große Flächen nur mit entsprechender Übung gleichmäßig und ohne Ränder ausmalen. Eine Aufteilung des Hintergrundes in der Nähe der Schulterlinie ist besonders nützlich, denn dann kann man Vorder- und Rückenteil bequem nacheinander ausmalen.

Geometrische Motive kann man gut selbst entwerfen und auf die Seide übertragen

KONTUREN-LINIEN

Sind Motiv und vielleicht noch weitere Linien im Umfeld mit Bleistift übertragen, wird alles mit Konturenmittel sorgfältig nachgezogen. Je nachdem, wie diese Linien später erscheinen sollen, müssen Sie das Konturenmittel auswählen: Wollen Sie, daß sich die Linien weiß von der farbigen Umgebung absetzen, verwendet man durchsichtiges Trennmittel. Sollen sie farblich mehr in die Gesamtgestaltung eingebunden werden, kann man das Konturenmittel mit etwas Seidenmalfarbe anfärben (bei wasserlöslichem Trennmittel möglich). Allerdings verblassen nach dem Fixieren und Waschen die Farben wieder etwas. Man kann natürlich auch farbige Konturenmittel kaufen.

Ganz wesentlich beim Ziehen der Linien ist, daß sie sehr sorgfältig und ohne Unterbrechung gearbeitet sind, sonst läuft die Farbe plötzlich ins benachbarte Farbfeld. Bei sehr dicht gewebter Seide müssen die Linien besonders langsam und eher etwas breiter gezogen werden, damit das Trennmittel gut in den Stoff einzieht. Ansonsten dringt die Farbe hindurch. Mit dem Ausmalen der Flächen beginnt man erst, wenn alle Linien ganz trocken sind.

Mit Bleistift wurden alle Schnittlinien vorgezeichnet. Das geometrische Motiv auf Vorder- und Rückenteil entstand nach einer Skizze. Die Motivlinien werden hier mit eingefärbtem Konturenmittel nachgezogen. Der Halsausschnitt, die Hilfslinie an der Schulter und die Umrisse des Schnittes selbst werden nicht mit dem Trennmittel nachgearbeitet

DAS MALEN

FARBWAHL

Bevor man mit dem Malen beginnt, muß man sich über die Farbzusammenstellung und die gewünschte Wirkung der Bluse oder des T-Shirts im klaren sein. Von den vielfältigen Möglichkeiten möchte ich drei zur Abstimmung von Motiv und Hintergrund vorstellen.
Einen optisch besonders wirksamen Effekt ergeben kräftige, bunte Farben für das Motiv in schwarzer Umgebung. Zurückhaltend und dezent dagegen wirkt ein Umfeld, das sich mit den Farben des Motivs harmonisch durch Farbverwandtschaft verbindet (Ton in Ton). Für Mutige wird die Wahl von Kontrastfarben in Motiv und Hintergrund interessant sein.

FARB-AUFTRAG

Alle Farben sollten immer etwas mit Wasser und Spiritus (Alkohol) verdünnt werden, da sonst zuviel überschüssige Farbe beim Waschen (nach dem Fixieren!) ausblutet. Setzen Sie von den ausgewählten oder angemischten Farben lieber etwas zuviel als zuwenig an, denn es ist schwierig, später noch einmal Farbe in genau dem gleichen Ton zu mischen. Besonders die dichten Seidenstoffe nehmen mehr Farbe auf als zunächst vermutet.

Die Trennmittellinien sind getrocknet, das Motiv wird ausgemalt. Bei einfachen, größeren Flächen kann man gut mit dem Wattebausch arbeiten, denn er nimmt viel Farbe auf. In die Ecken geht man besser mit dem Pinsel

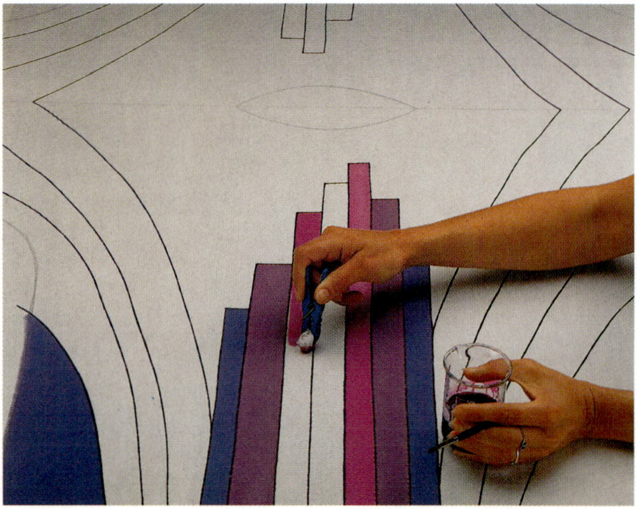

Kleine Flächen malen Sie am besten mit einem Pinsel, große mit einem Wattebausch aus. Er wird dicht zusammengedrückt und mit einer Wäscheklammer gehalten. Zur äußeren Umrandung der Motive nimmt man Watte und Pinsel abwechselnd, je nachdem, ob man schnell arbeiten kann oder ob man in kleine Ecken malen muß. Niemals darf Farbe auf der Seide „stehen", da sie sonst die Trennmittellinien zu leicht durchdringt.

EFFEKTE

Viele Motive können in ihrer Wirkung verstärkt und vom Untergrund abgesetzt werden, wenn man sie nachträglich mit einem Spiritus-Wasser-Gemisch übermalt. Besonders Tier- und Pflanzendarstellungen erhalten so eine an organische Strukturen erinnernde Lebendigkeit. Dazu malt man die Motive ganzflächig aus und überarbeitet sie nach dem Trocknen mit dem Spiritus-Wasser-Gemisch; dabei verteilen sich die Farbpigmente neu. Dieser Effekt ist bei relativ kräftigen, gemischten Farben deutlicher als bei Pastelltönen.
Andere Effekte erzielt man mit groben Salzkristallen, die man vorsichtig auf die noch feuchte Farbe streut. Die Ergebnisse sind jedoch schwer zu beeinflussen; sie machen die Fläche oft zu unruhig.
Sehr harmonisch wirken Farbverläufe, bei denen eine Farbe fast unmerklich in eine andere übergeht.

Eine stilisierte Blüte, mit einem Wasser-Spiritus-Gemisch und Salzeffekten belebt

Für gleichmäßige Farbverläufe stellt man sich genügend Farbe bereit. Am besten mischt man vorher einige der gewünschten Farbstufen, damit sie schnell neben- und ineinander gemalt werden können. Für jede Farbe nimmt man einen eigenen Wattebausch

FIXIEREN UND SEIDENPFLEGE

DAMPF-FIXIEREN

Wer sich für dampffixierbare Farben entschieden hat und den bemalten Stoff für seine Bluse nicht einem Fixierdienst anvertrauen will (im Bastelgeschäft nachfragen), kann auch zu Hause im Dampfdrucktopf oder in einem speziellen Fixiergerät die Farben haltbar machen. Das wichtigste dabei ist, daß auf keinen Fall Wassertropfen an den Stoff kommen dürfen; deshalb wird er sorgfältig in Papier eingewickelt. Ein Nachteil bei diesem Verfahren: Je nach Art der verwendeten Seide können Knitter entstehen, die sich auch durch mehrfaches Bügeln nicht vollständig entfernen lassen. Die Bildfolge zeigt in groben Zügen die wichtigsten Arbeitsschritte.

Die vollkommen durchgetrocknete Seide rollt man in Makulatur- oder Seidenpapier, aber nie Seide auf Seide! Der Siebeinsatz des Dampfdrucktopfes wird mit mehreren Papierschichten ausgeschlagen, und die Rollen werden hineingelegt

Man deckt mit Alufolie ab und stellt den Einsatz erhöht in den Topf. Nach etwa 45 Minuten (1. Ring) ist die Farbe fixiert

KONTURENMITTEL ENTFERNEN

Wenn Sie die Seide im Dampfdrucktopf fixiert haben, lösen Sie zunächst nach 5 Minuten Wartezeit das wasserlösliche Konturenmittel in einem kalten Wasserbad heraus. Das geht in der Regel völlig problemlos. Verbleibende Reste verschwinden dann meist vollständig bei der ersten vorsichtigen Handwäsche.
Verwendet man ein Fixiergerät (es arbeitet zwar mit Wasserdampf, aber nicht mit Druck), legt man die fixierte Seide zunächst 5 Minuten ohne Waschmittelzusätze in lauwarmes Wasser, bügelt sie von der Rückseite her trocken und wiederholt den Vorgang. Nach dem zweiten Bügeln ist das wasserlösliche Trennmittel entfernt, die Linien sind wieder geschmeidig. Benzinlösliche Gutta müssen Sie allerdings in Waschbenzin entfernen, oder Sie geben den Stoff in eine Reinigung.
Haben Sie Ihr wasserlösliches Konturenmittel selbst eingefärbt, wird es nach dem Waschen blasser. Ursprünglich schwarze Linien sind also im Endergebnis grau. Man sollte dies jedoch in Kauf nehmen und sich nicht verführen lassen, beim nächsten Mal mehr Farbe zuzugeben. Es besteht zum einen die Gefahr, daß das Trennmittel zu dünnflüssig wird und als Begrenzung zwischen den Farben nicht mehr taugt. Zum anderen läßt sich zu stark eingefärbtes Konturenmittel (auch das im Handel erhältliche) nicht mehr vollständig entfernen: die Linien bleiben immer steif.

WASCHEN UND BÜGELN

Vor der Weiterverarbeitung wird der fixierte Stoff lauwarm gewaschen. Dabei löst sich auch immer etwas überschüssige Farbe; stark eingefärbte Stücke bluten am stärksten aus. Ein Schuß Essig im Spülwasser vermindert die Farbabgabe, die übrigens auch vom gewählten Farbsystem abhängig ist. Man sollte also damit rechnen, daß nach häufigem Waschen die Farben insgesamt etwas blasser werden.
Für die Reinigung von Seide eignen sich alle Feinwaschmittel. Keinesfalls darf ein Waschmittel verwendet werden, das Bleichstoffe enthält. Die Stücke sollten bei etwa 30 °C mit der Hand gewaschen und dann in nassem Zustand trockengebügelt werden. Geschieht dies nicht, bilden sich möglicherweise Knitterfalten, die nicht mehr zu glätten sind. Fransen, zum Beispiel an Schals, müssen, solange sie naß sind, glattgekämmt werden.
Sehr schwierig sind Schweißränder zu entfernen, die sich in Verbindung mit Deodorants gebildet haben. Es ist besser, auf Sprays ganz zu verzichten.

DIE FERTIGSTELLUNG

ZUSCHNITT UND NÄHEN

Der fixierte, gewaschene und trockengebügelte Stoff wird an der Schulter- und Mittellinie zusammengelegt und entsprechend der vorgezeichneten Schnittform ohne Nahtzugabe zugeschnitten. Dann legt man die Seide rechts auf rechts aufeinander und schließt die Seiten- und Ärmelnaht bis etwa 15 cm vor dem unteren Rand (für Seitenschlitze) mit Stecknadeln und dann mit groben Stichen von Hand, bevor man mit der Nähmaschine näht (mit normalem

Legen Sie den Stoff längs und quer zusammen. Für das Zuschneiden müssen die vier Stofflagen sorgfältig mit Nadeln zusammengehalten werden

Die rechte Stoffseite muß innen liegen, wenn man Vorder- und Rückenteil für das Zusammennähen vorbereitet. Bei dem abgebildeten T-Shirt ist die Unterkante gerade, rechts und links bleibt ein Schlitz offen

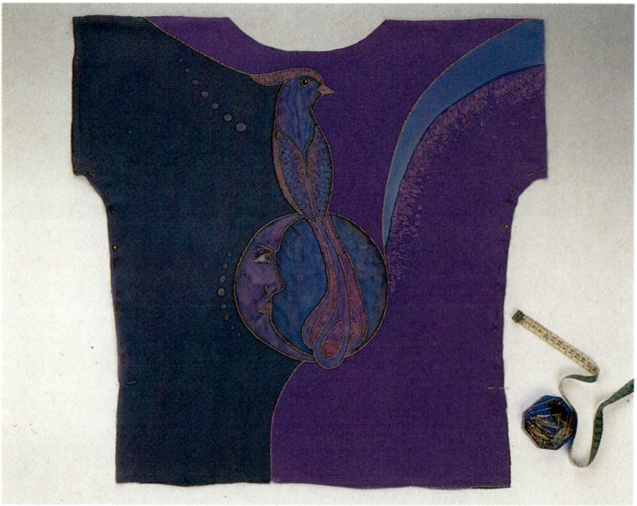

Nähgarn, Nähseide ist nicht erforderlich). Routinierte können auch ohne vorzureihen die Seitennähte schließen. Die Nahtzugaben werden mit Zickzackstich versäubert und die Nähte von rechts ausgebügelt. Auch den unteren Saum und die Ärmelkanten können Sie mit der Maschine umnähen, die Seitenschlitze und den Halsausschnitt sollten Sie besser von Hand versäubern.
Die Stoffkanten an der Rundung des Halsausschnittes werden vorher eingeschnitten, damit sie sich beim Umschlagen nicht ziehen. Sollen Kanten eingefaßt werden, darf man nicht vergessen, rechtzeitig passende Seidenstreifen in doppelter Breite vorzubereiten.

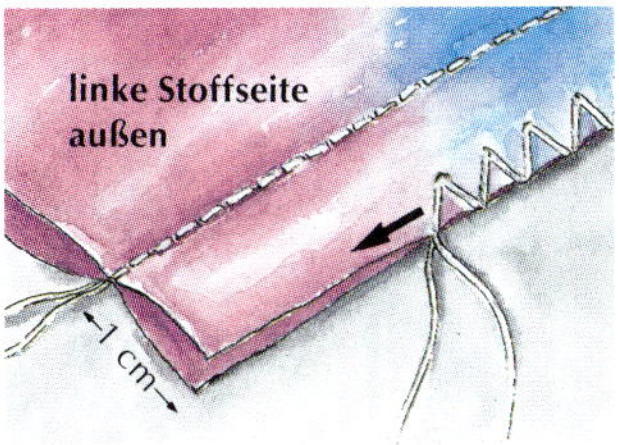

Naht schließen und versäubern

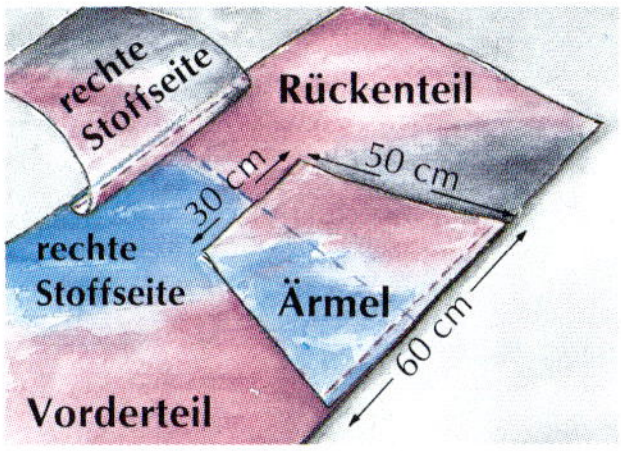

Ärmel ansetzen

Links: Einfache Naht mit Geradstich. Die Zugaben mit Zickzackstich versäubern und dabei zusammennähen. Rechts: Angesetzte Ärmel zuerst annähen

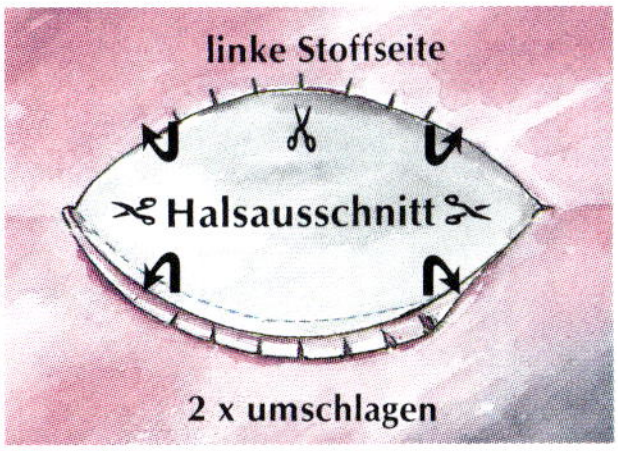

Halsausschnitt säumen

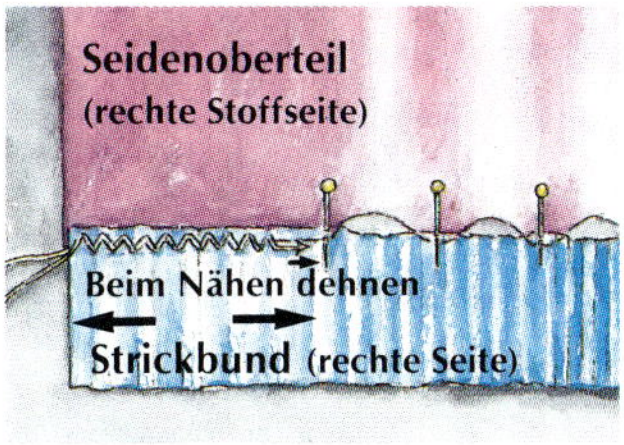

Strickbund ansetzen

Links: Die Halsausschnittkanten mehrmals 4 mm tief einschneiden. Rechts: Die Weite der Seide gleichmäßig verteilen und beim Nähen den Strickbund dehnen

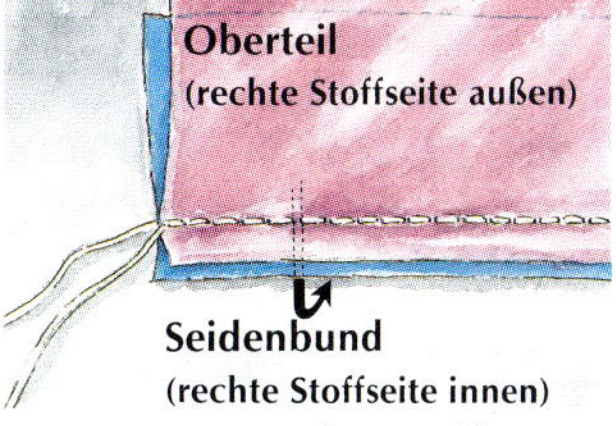

1. Bund aus Seide: Streifen von links gegen die Kante ...

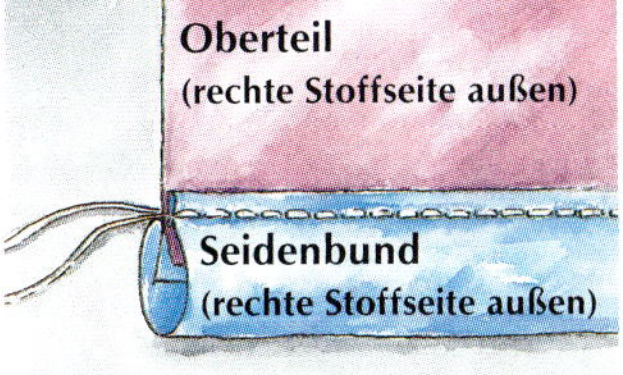

2. ... nähen, umschlagen und von rechts feststeppen

Einen Streifen in doppelter Bundbreite plus 2 cm Nahtzugabe zuschneiden und ihn von links, dann von rechts feststeppen

Am einfachsten ist der T-Shirt-Schnitt ohne Abnäher. Sie können solche Blusen als Hänger oder zum Einstecken in Hose oder Rock tragen. Die Schulterlinie zeichnet man sich nur als Hilfe mit Bleistift auf die Seide; beim Übertragen des Motivs dient sie Ihnen als Anhaltspunkt. Alle Nähte können Sie mit der Nähmaschine schließen und versäubern. Am Saum und Ärmelabschluß legt man die Kanten zweimal um und steppt sie mit Geradstich fest. Halsausschnitt und Seitenschlitze näht man besser von Hand

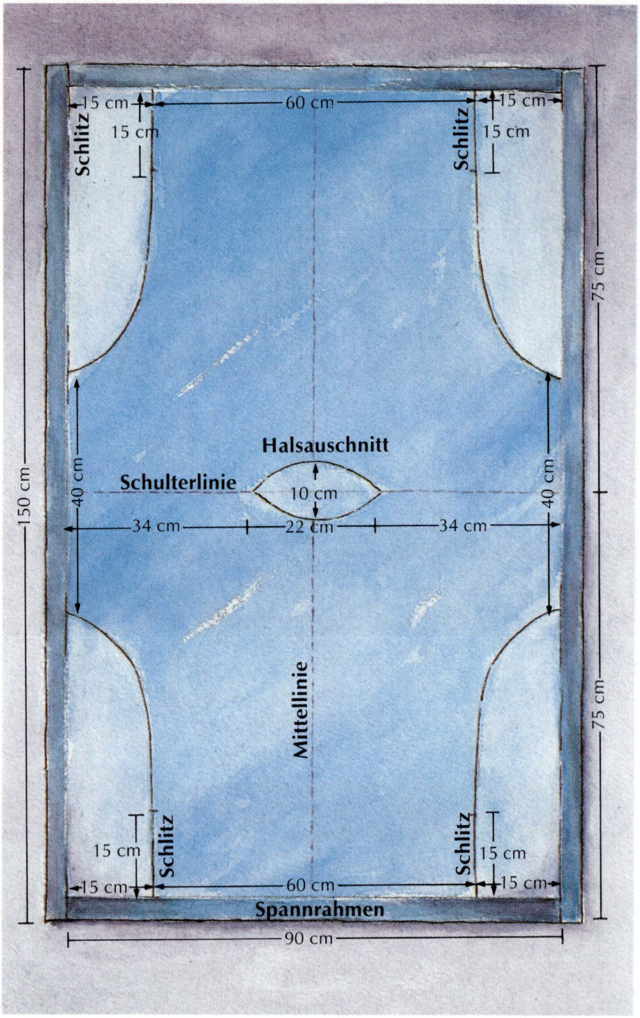

SCHNITT-VORSCHLÄGE

Auf dieser und der folgenden Doppelseite möchte ich Ihnen einen einfachen Grundschnitt und drei Variationen vorstellen. Fast alle Modelle sind nach diesen Schnitten oder Abwandlungen davon gearbeitet. Die Formen sind so einfach, daß Sie sich keine Papierschnitte anlegen müssen. Besser ist es, wenn Sie einfach die angegebenen Maße auf Ihre zum Malen aufgespannte Seide mit Bleistift übertragen (siehe da-

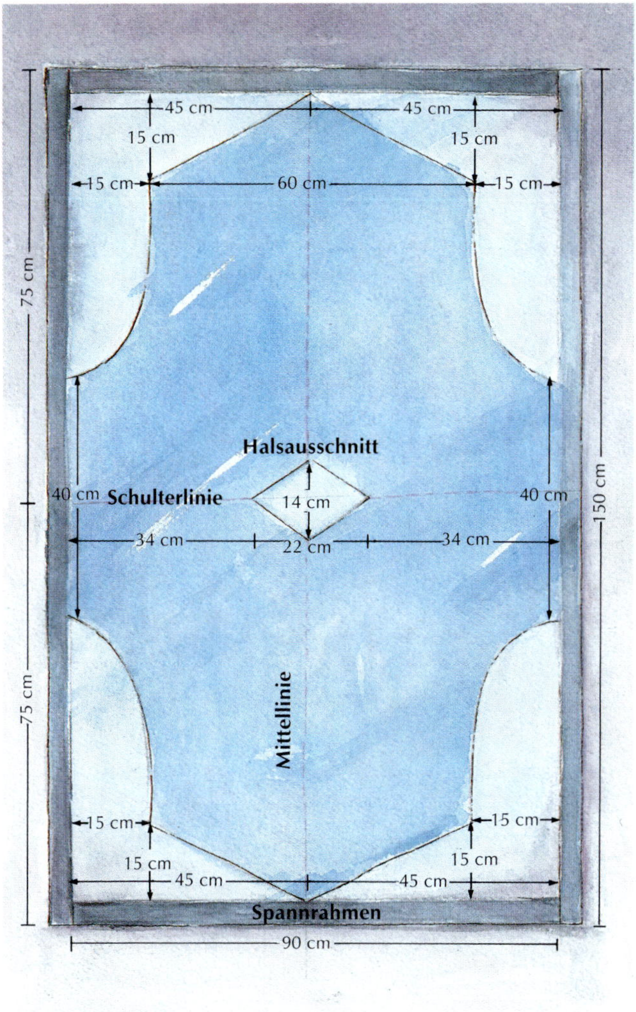

Dieser Schnitt variiert durch Spitzen am Vorder- und Rückenteil und am Halsausschnitt. Schräggeschnittene Stoffkanten dehnen sich leicht, deshalb sollten Sie die unteren Saumkanten entweder vorsichtig von Hand umnähen oder sie mit ganz enggestelltem Zickzackstich versäubern. Dabei wellt sich allerdings der Rand: Überlegen Sie sich vorher, ob Sie diesen Effekt wünschen

zu auch Seite 8). Wie Sie sehen, habe ich die Maße des Spannrahmens zugrunde gelegt, den ich auf Seite 6 für den Selbstbau beschrieben habe. Wenn Sie also 150 cm Seide mit einer Breite von 92 cm kaufen, können Sie alle vier Schnittvorschläge nutzen. Die Maße beziehen sich hier auf die Konfektionsgröße 40. Wenn Sie eine größere oder kleinere Größe tragen, können Sie durch Zu- oder Abnehmen von weni-

Für diesen Schnitt eignet sich Crêpe de Chine als Material am besten. Es fällt besonders weich und bringt die geschwungenen Linien gut zur Geltung. Zusätzlich wellt sich die Seide, wenn Sie die Schnittkanten einfach mit engem Zickzackstich versäubern. Den Halsausschnitt können Sie mit Schrägstreifen einfassen – Stoff dafür fällt in genügender Menge ab. Sie dürfen natürlich nicht vergessen, ihn gleich in passender Farbe mitzubemalen

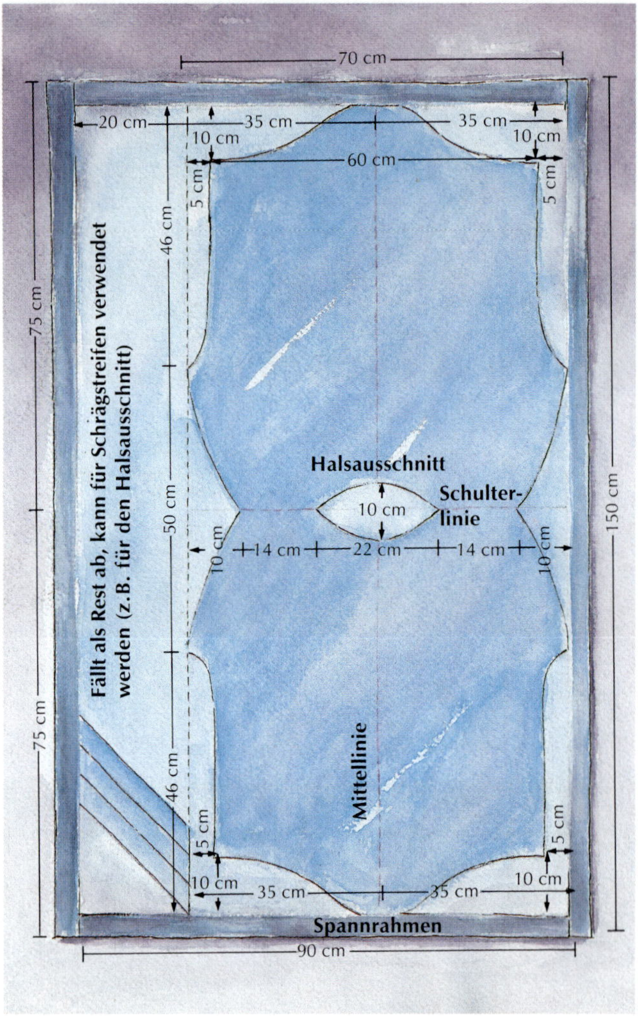

gen Zentimetern an den Seitennähten die Schnitte Ihren Bedürfnissen anpassen. Die Länge der Blusen und T-Shirts hängt natürlich von der Rahmenlänge ab. Wenn Sie ein längeres T-Shirt oder ein Kleid arbeiten wollen, müßten Sie sich entweder einen längeren Rahmen besorgen oder Vorder- und Rückenteil getrennt arbeiten. Mischen Sie sich für große Teile immer genügend Farbe an!

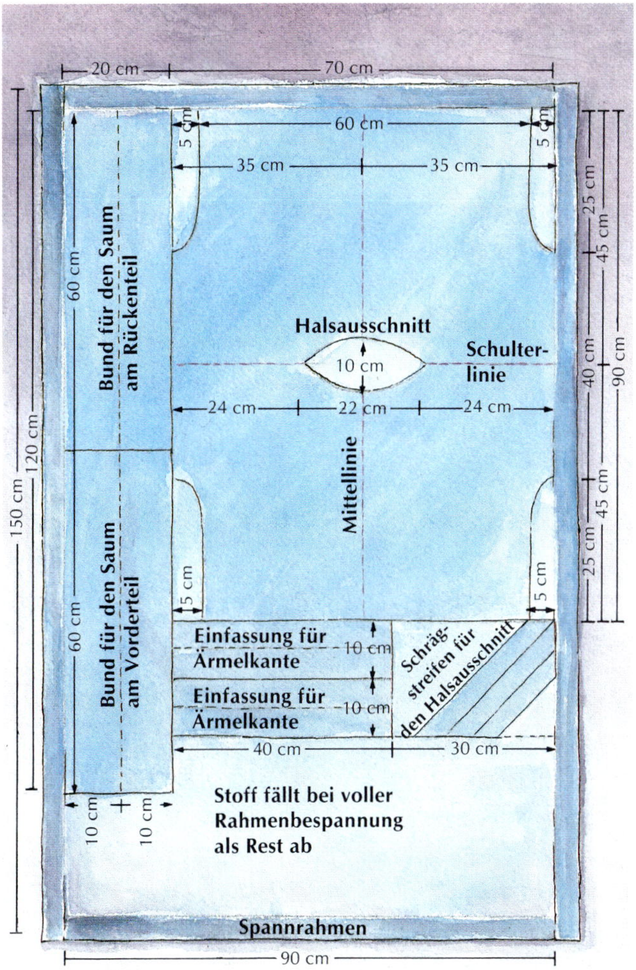

Eine kurze Bluse, als Hänger zu tragen, entsteht bei diesem Schnittvorschlag. An Ärmel und Saum wird ein Bund genäht, den Sie farblich absetzen können. Der Stoffverbrauch liegt bei 120 cm (92 cm breit). Die Gesamtlänge dieser Bluse beträgt nur 55 cm, kann jedoch nach Belieben variiert werden. Auch hier steht wieder genügend Stoff für Schrägstreifen zur Verfügung, wenn Sie den Halsausschnitt auf diese Weise einfassen wollen

Die Ärmelweite ist variabel. Sie sollte jedoch 40 cm nicht wesentlich unterschreiten. Ärmel zum Ansetzen sollten an der Schulter eine bequeme Weite von 60 cm haben, die sich auf einer Länge von 50 cm bis zum Handgelenk auf 30 cm verjüngt. Die Höhe des Halsausschnittes kann ruhig mehr als 10 cm betragen; die Breite sollte jedoch 22 cm nicht überschreiten, da die Bluse sonst von den Schultern rutscht.

KLEINE MODENSCHAU

Was man alles aus den Motiven, die Sie auf dem Vorlagebogen finden, machen kann, sehen Sie auf dieser Doppelseite. Die Wirkung eines einzigen Motivs kann durchaus verschieden sein, je nachdem, welche Seide Sie wählen, welche Farbgebung und welchen Schnitt Sie bevorzugen. Bei den gezeigten Beispielen ist auch jedesmal die Umgebung des Kopfes etwas anders gestaltet

Die Bluse oben aus glänzendem Silk Satin wurde nach dem Schnitt von Seite 17 genäht. Das Konturenmittel habe ich vorher eingefärbt. Für das Kleid rechts habe ich den relativ schweren, gut fallenden Crêpe Satin gewählt (Stoffverbrauch etwa 240 cm). Es ist im Prinzip nach dem Schnitt von Seite 16 gearbeitet, aber mit dem Unterschied, daß Vorder- und Rückenteil getrennt gemalt und durch eine Schulternaht verbunden wurden. Beim Malen kann der Stoff jedoch auch an einem Stück bleiben, wenn man ihn zweimal, jedesmal versetzt, auf den Rahmen spannt

Der Schnitt dieser kurzen Bluse aus Crêpe de Chine wurde auf Seite 19 vorgestellt. Die Ärmel- und Halsausschnitteinfassungen habe ich allerdings weggelassen, statt dessen entschied ich mich für einen geraden unteren Abschluß mit Seidenbund

Für alle nicht ganz Schlanken ist dieser Blusenschnitt ideal. Der 115 cm breit liegende Crêpe Satin wurde wie ein Poncho rundgeschnitten. Wer einen entsprechend breiten Spannrahmen hat (siehe Seite 6), kann das Modell ganz ohne Schulternähte arbeiten. Zwei seitliche Stepplinien bilden die Ärmel. (Den Stoff links auf links zusammennähen, etwa 40 cm hoch.) Gesäumt wurde mit eng eingestelltem Zickzackstich, der Halsausschnitt ist mit passend bemaltem Schrägstreifen aus Seide eingefaßt. Solch ein geometrisches Motiv kann man leicht (auf kariertem Papier) selbst entwerfen und auf den aufgespannten Stoff übertragen. Am besten nehmen Sie ein Maßband zur Hilfe

Bei dieser Bluse ist das bogenförmig endende Vorderteil ein Stück länger als das Rückenteil. Schneidet man diesen Bogen senkrecht ein (Schnittkanten mit Zickzackstich versäubern), kann die Bluse vorn gebunden werden. Man kann jedoch auch auf diesen Knoten verzichten und statt dessen das Rückenteil länger zuschneiden

Wer gleich zwei schöne Motive auf Vorder- und Rückenteil malt, kann die Bluse natürlich auch beidseitig tragen. Es müssen nicht unbedingt verschiedene Motive sein, Sie können zum Beispiel auch das gleiche Motiv seitenverkehrt abbilden oder in anderen Farben malen

Ärmel, Vorder- und Rückenteil sind bei diesem leicht gefütterten Modell einzeln bemalt und zugeschnitten. Zwei eingenähte, senkrechte Falten betonen die Schultern. Verwendet man Seide, die 115 cm breit liegt, kommt man mit einmaligem Spannen aus, wenn man einen entsprechend breiten Rahmen hat. Die fertig bemalte und fixierte Seide habe ich mit Baumwoll-Viskose-Vlies unterlegt und anschließend alle Konturenlinien mit der Maschine nachgesteppt. Erst dann werden die Teile zusammengenäht

Auch hier wurden die Teile einzeln zugeschnitten. Die Ärmelteile sind, bevor man die langen Ärmel- und Seitennähte schließt (siehe Seite 15), gerade an die Längsseiten von Vorder- und Rückenteil angesetzt. Alle Teile sind mit Baumwoll-Viskose-Vlies unterlegt und die Konturenlinien nachgesteppt. Dadurch wirkt das frei entworfene geometrische Motiv plastischer. Zum Schluß setzt man den Strickbund an; die Länge der Bluse beträgt 45 cm ohne, 55 cm mit Bund. Damit genügend Stoff für die senkrechten Falten an den Schultern zur Verfügung steht, sollten Vorder- und Rückenteil eine Breite von 60 cm haben. Zusätzlich betonen kleine Polster die Schulterpartie

Dieser Bluse aus 90 cm breitem Silk Satin liegt ein einfacher T-Shirt-Schnitt zugrunde. Die Schultern sind mit Schlitzen versehen. Für die Bündchen an den Ärmeln und am unteren Saum habe ich extra lange Stoffstreifen vorbereitet, damit die Enden geknotet werden können. Die weichen Strukturen des Federkleides entstanden durch ein Wasser-Spiritus-Gemisch. Die Wirkung der Vogelfedern und des Auges kann man noch durch aufbügelbare Straßsteinchen steigern. Sanft geschwungene, frei hinzugefügte Linien unterteilen den Motivhintergrund in mehrere passend bemalte Farbfelder

Durch das zarte Motiv eignet sich diese Bluse auch für festliche Anlässe. Ausgangspunkt war der Schnitt von Seite 16, allerdings habe ich 115 cm breite Seide verwendet, um dreiviertellange Ärmel zu erhalten. Bei 90 cm breitem Stoff reichen sie bis zu den Ellenbogen

Saum und Ärmel zieren farblich passende Bündchen, der Halsausschnitt ist mit Schrägstreifen eingefaßt. Vom Kopf und von einem Ärmel aus ziehen Farbbänder über die Fläche nach hinten: In der Mitte des Rückens treffen sie zusammen und schließen ein Viereck ein

Die Variante des Grundschnittes von Seite 18 liegt dieser Bluse zugrunde. Crêpe de Chine wellt sich durch den engen Zickzackstich am Saum besonders schön. Die Bluse kann mit oder ohne Gürtel getragen werden. Hübsch sieht es aus, wenn der Verschluß mit selbstbemalter Seide bezogen wird. Einen passenden Stretch-Gürtel erhält man im Kaufhaus. Solch ein geometrisches Motiv kann man gut selbst entwerfen; wichtig ist eine überlegte Farbzusammenstellung

Katzenmotive, besonders wenn sie verniedlicht sind, können auf Kleidung für Erwachsene leicht kitschig wirken. Aus diesem Grund habe ich das Tier durch eine Maske und durch ungewöhnliche Farben verfremdet. Die Hintergrundfläche ist nur auf Höhe der Schultern mit Konturenmittel unterteilt.
Diese Bluse wirkt vor allem durch den allmählichen Farbübergang von Blau an der linken Seite über Violett bis Schwarz an der rechten Seite sehr elegant. Im Farbton genau umgekehrt dazu habe ich die Schulterpartien und die angesetzten Bündchen an den Ärmeln gemalt. An einer Seite läuft der untere Abschluß schräg zu Zipfeln aus: Man kann sie mit einem lockeren Knoten zusammenbinden

Diese Sommerbluse aus Crêpe de Chine hat einen Bund, der seitlich geknotet werden kann. An der Schulterpartie habe ich an einer Seite ein keilförmiges Stück Seide herausgeschnitten. Dieser breite Schlitz wird mit Riegeln zusammengehalten. Durch Auftupfen eines Spiritus-Wasser-Gemisches, teilweise blau eingefärbt, entstanden die Reihen aus Kreisen. Wenige Straßsteinchen (zum Aufbügeln) setzen weitere Akzente, das Auge des Krokodils erhält so Leben

Im Prinzip nach dem gleichen Schnitt wie bei dem Modell auf Seite 29 ist dieses T-Shirt-Kleid entstanden. Auch hier habe ich einen Farbverlauf von einer zur anderen Seite als Gestaltungselement auf den schweren Crêpe Satin gemalt; die Farben an Schultern und Ärmelbündchen sind jeweils umgekehrt gewählt. Vor dem Annähen des sehr breiten Bundes wurde der Stoff von Vorder- und Rückenteil leicht gekräuselt. Als Motiv habe ich nur ein paar Dreiecke auf der Fläche verteilt. Wegen der längeren Ärmel war eine Stoffbreite von 115 cm erforderlich. Dieses Modell eignet sich besonders gut für Mollige